심상시선 137

홍시 가지 쥐고

김용길 시집

시인의 말

시인의 길을 걷다

 2002．8．2일 교회 선교를 위해 백두산과 일송정을 여행 할 기회를 가졌다. 북간도 룡정 동산 교회 묘지에 잠들어 있는 윤동주 시인이 다니던 룡정 중학교와 교회와 생가가 있는 마을을 둘러보고 일송정 언덕길에 있는 용두레 우물터를 돌아 일송정 누각을 찾아올라 가니 낯익은 작은 소나무 서너 그루가 메마른 땅에 흙에 뿌리를 뻗고 있다. 조선족들이 달려와 중국 길림성이 발행한 "하늘과 바람과 별과 시" 작은 윤동주 시집을 관광 상품으로 팔아서 한권씩 샀다. 여행을 마치고 돌아와서 소감을 발표하는 시간이 마련되었다. 장황한 설명보다 나만의 짧은 졸시 로서 느낌을 전했다. 그 뒤로 서초 문화원 시 창작 반에 일원이 되어 목월과 소월 그리고 많은 현대 시인들의 시를 접하게 되었다. 삶의 여정 가운데 여백이 생길 때 마다 시 창작을 하여 의미 있는 시간을

가지게 되었고 지금은 시인의 길을 걸어가고 있다.

  자작시에 작곡을 해주신 버클리 음대 Juni Kim(김주은)님과 성원해주신 선후배 님과 교우와 내조한 가족들에게도 감사를 드린다.

2025년 5월

김 용 길

차례

시인의 말　　　　　　　　　2

1부

꿩 한쌍　　　　　　　　　　10
brace of pheasants　　　　11
입춘대길　　　　　　　　　12
Ipchun-Daegil Fortune　　13
꽃철　　　　　　　　　　　14
Blooming season　　　　　15
귀빈　　　　　　　　　　　16
VIP　　　　　　　　　　　17
갈대의 고백　　　　　　　　18
confession of reed　　　　19
바늘꽃　　　　　　　　　　20
Needle flower　　　　　　21
굴뚝　　　　　　　　　　　22
Chimney　　　　　　　　　23
산수유(1)　　　　　　　　　24
Cornus fruit(1)　　　　　　25
상록수　　　　　　　　　　26
Evergreen trees　　　　　27
가면시대　　　　　　　　　28
Mask times　　　　　　　29
귀뚜라미(2)　　　　　　　　30
Cricket(2)　　　　　　　　31

기차통학	32
Attening school by train	33
건물 청소부	34
Building cleaner	35
누룽지 여행	36
Nurungji scorched rice trip	37
한 점의 구름되어	38
To be a speck of cloud	39
가을비야	40
Fall rain Ah	41
노래 부르는 조각상	42
Singing statue	43
대추방망이	44
Jujube bat	45
백두산(1)	46
Mt. Baektu	47
가족묘	48
Family domb	49
홍시 가지 쥐고	50
Branch of a mellowed persimmon in hand	51

2부

도깨비불	54
ead fire	55
단골손님	56
Regular customer	57

돈 다려 주는 남자	58
Man ironing bills	59
단발머리 소녀	60
Bobbed-haired girl	61
대공원 호수	62
Grand park lake	63
동춘	64
Winter Spring	65
당나귀와 시인	66
Donkey & poet	67
단양 팔경(1)	68
Eight views of Danyang(1)	69
돈지갑	70
Purse	71
로즈 데이	72
Rose day	73
로봇 맨	74
Robot man	75
모과(1)	76
Quince(1)	77
호박꽃 사랑	78
Pumpkin blossom love	79
누에 다리	80
Silkworm bridge	81
우체국 산수유	82
Postoffice cornus fruit	83
네잎 클로버의 손짓	84
Four-leaf clover's hand gesture	85

늙정이	86
An old person	87
누구를 위하여 좋은 울리나	88
For whom the bell tolls	89
노란 집	90
Yellow house	91
칸트 산책길	92
Kant's promenade	93

3부

목련(1)	96
Magnolia(1)	97
맥랑 시대	98
Barley waves times	99
모래시계	100
Sand glass	101
민들레 가족	102
Dandelion family	103
별난 연리목	104
Special common boughs tree	105
밤바다	106
Night sea	107
붉은달(1)	108
Red moon(1)	109
버들강아지	110
Catkin	111
목월 시정원 개막식에서	112

In the opening ceremony of MOK-WOL's poetry garden	113
양동마을	114
Yangdong village	115
자작나무	116
White birch	117
산국화(1)	118
Mountain chrysanthemum(1)	119
배론성지	120
Baeron Holy Ground	121
능수버들 춤추다	122
Weeping willow dances	123

시평

신앙과 인간의 삶을 접목하며 부르는
아름다운 세상

                            - 박동규   126

부록   144

1부

꿩 한쌍

색동옷 차려입은 장끼 한 마리
한 움큼 날씬한 몸매의 까투리
우면산 자락 방아다리 빌라촌
금잔디 동산에 졸졸 다닌다.

행인의 발자국 소리 못 들은 척
이른 조반에 풀벌레를 쫀다.

저 능청스러운 야생 꿩 한 쌍
금슬 좋은 오월의 사랑이 부럽다

붉은 장미 흰 장미 줄지어 피는
사이길 걸으며
무슨 정담을 나누고 있을까
산길 따라 피어 있는 노랑 꽃
그들 사랑 시샘하는
뱀꽃은 벌린 입을 날름거린다.

Brace of pheasants

A rainbow-striped cloth, a co'ck pheasant
wear in, Bangadari villages on a skirt of Mt.
Umyunsan
a pheasant hen is trim and slender in handful
figure and always tagging at her co'ck shoes
on the soft golden hills.

In early morning a brace of pheasants,
like not to hear a sound of footprint of passersby,
pick up grass worms.

A pair of pheasants to be sly and wild,
makes it envy for their nice love of May.

Red roses and white roses, all rows in flower,
while walking on by the way side,
are they sharing what kind of love story.
the yellow snake flowers along a mountain pass
envy for their love and open mouths
begin to dart their tongues in and out.

입춘대길

대문 "입춘대길"
큰 글자가
악귀를 몰아낸다.

나라의 태평과
백성의 평안 비는
봄의 시작은
희망이 솟는다.

봄 샘 추위에
첫눈이 온다,
비가 내리다
얼음 얼다

김칫독 얼어 터질까
보리 뿌리 얼까
봄 까치꽃이 피었다.

Ipchun-Daegil Fortune

On the front gate,
"Ipchun-Daegil"
"The first day of spring with fortune"
big letters
drive out evil spirits.

The peace and prosperity of country,
and the peace of the people,
pleading for,
the beginning of spring
with its hope rises.

In the spring cold,
it snows first,
it's raining,
it be frozen.

Will a Kimchi jar freeze to explode?
will the barley roots freeze?
the spring magpie flower is in bloom.

꽃철

찬 서리 동산에
곱게 핀 매화 꽃
선비의 눈망울로
경칩 첫봄을
뜰 안 가득 잡아두었다

흑 매화 고목 갈라진 틈
보름달빛 서린 움돋은 가지
꽃송이 마다 가슴 태우던
하늘 내려앉았다

뜰 안에 든 님 그냥 보내면
섭섭해 다시 안 올까봐
대청에 모시어
매실 동동주 대작하니

꽃술에 취한
봄날은
꽃 눈썹 휘날리며 간다

Blooming season

Plum flowers bloomed at the hill
during the frozen frost
with an eyeball of a classical scholar
and kept very first springtime full in the garden.

Black plum flowers of an old tree,
on every flowers of the branches sprouting up,
the full moon was shining light,
the sky has sagged on it with its pitiful heart.

As you come into the garden,
just so let you go,
it looks like you don't come again
because of being disappointed,
so drinking the wine together with you on a big floor,

The spring days,
drunken by flower wine,
go away with eyebrows go fly.

귀빈

손자 셋 철부지 끼리
비행기 타고 온다
할아버지 할머니
꽃단장하고 공항에 마중 간다

다리 허리 여기저기 아파도
손자들 만나면
길 안내 보호하는 청년 경호원이다

배불리 먹이고 장난감 사주고
궁색한 내색 없이
부자 할아버지 노릇 한다

쪼르륵 비행기 태워
손 흔들고 오는데
철부지 셋 목적지
안착했다는 공항 톡 소식 전한다

VIP

Three grandsons,
just children themselves come by air,
grandpa and grandma go out beautifully
dressed up for welcoming of an airport.

Legs and the waist here and there to feel pain,
as to meet grandsons,
for way guide and taking care of them,
a young body guard be.

Let it eat heartily and get a toy,
no lack of the facial look,
act as a rich grandpa.

Let them ride on the airplane, after shaking hand,
be back home on our way,
about just children as three landed at the goal happily,
a talk from the airport is informing.

갈대의 고백

밤낮 춤만 추는 속빈 건달은 아니었다.
가물어 목이타면
여린 실뿌리 더듬어
시냇물 찾아 헤매고 물을 길었다

장맛비가 내려 떠내려가면
이웃 발목을 서로 잡고 엎디어
서서히 허리를 일으키는 겸손을 배웠다

황금 꽃 피우는 좋은날
찬란한 군무를 즐기는 시간
모든 사람이 부러워하는 영화도 누렸다

황소바람 몰려오자 잘려나가
땔감이나 초가지붕이 되었고
나머지는 헐벗은 짐승들의 둥지로 내줬다

Confession of reed

It's not an empty-headed play boy, only dancing over
night and day, as it be dried and thirsty, with the weak
and thin roots searched for a stream stammeringly
and wandered over, so drew water from it.

When the heavy rain be falling down, it be swept away,
to tie neighbors with ankles another, to lie flat on it, be
learned humbleness well to stretch up its waist slowly.

A nice day blooming the golden flower,
be dancing in shining group to enjoy a good time,
and it lived in splendor everybody envy for it.

For a big blow be pushed, so it be cut off and
to be a firewood or a grass-roofed house as a roof,
and the remnant be given to animals
in rags for their nests.

바늘꽃

할머니는 봄부터 가을까지
하양 빨강 나비 꽃을 접어
재롱떠는 손녀의 옷고름과 치마끈에
줄줄이 달아주었다.

밤새 내린 가랑비에 대바늘은
땅바닥에 늘어졌는데
마디마디 빗방울 대롱거린다.

눈 어두워 찔린 할머니 손가락에
핏방울이 맺히면
어느새 손녀 눈에도 눈물 글썽거린다.

태풍아 잠시 멈춰라,
머리에 꽂아준 마지막 리본 하나 떨어지면
날아가는 나비 또 가을 낙조를 누가 붙들랴.

Needle flower

Grandmother, from spring to fall,
To fold the white-red butterfly flower,
to a playful granddaughter's
breast-tie and skirt strap,
put it up on one after another.

By all-night drizzle,
the big needle is hanging on the ground,
every drop of rain is dripping.

Pierced by blindness to grandmother's fingers,
when the blood comes out,
before knowing,
granddaughter's eyes are teary.

Typhoon!, stop for a moment!,
put on its head, if one last ribbon falls,
flying butterfly and the setting sun of fall,
who's going to hold on ?.

굴뚝

보릿고개 넘던 시절
분꽃 피는 저녁
무쇠 솥 보리밥 익는 냄새
온 동네 퍼졌다.

이웃 돌이네 열 식구
굴뚝 연기 나나
가 보는데

오늘도
그 굴뚝은
무심했다

엄마가
보자기로 싼 보리개떡 몇 조각을
갖다 주라고 들려주었다.

Chimney

That days got over the barley hump,
a four-o'clock blooming evening,
in an iron pot, the boiling barley rice smell,
it spread all over the village.

To see if there was
a smoke coming from the chimney
of the next Dori's ten families.

The chimney is
still indifferent
today.

Mom held some barley dog rice cakes
wrapped in cloth in my hand,
and to bring it to them.

산수유(1)

저 건너 숲속에 있는 꽃
바라보는 건 아름다우리.
무덤가에 혼자서 피어있는 꽃 더 고우리.
남 보듯이 바라보는 건 더 괴로워
꽃 입술에 내민 손끝에 입 맞추리

노랑 꽃빛 너무 찬란해
멈춘 동공에 층층이 핀 꽃 송이송이
풀 게 거미 알 깬 새끼 모양 꼬물꼬물
발버둥 치다가 자빠지고 엎어지고 뒹굴고
여린 꽃술은 찬 하늘 더듬거리네.

춘삼월 덜덜 떨다가
그냥 돌아가는 건 더 허무하리.
상큼한 꽃내음에 간질린 코 재채기
노랑 쓴 약물 자꾸 토하네.

나무의 가는 혈관 속 흐르던 노랑 수액
봄의 전령 노랑 꽃송이
몸 밖으로 떠밀어 보내네.

Cornus fruit(1)

Over there, the flowers in the woods,
it's beautiful to look at it,
the flowers blooming alone by the grave,
are even more beautiful,
as if you're looking at them,
it's even more painful to look at others,
on the lips of a flower, and at the tip of its hand,
I will kiss on it.

Yellow flowers color is so brilliant,
at the stopped pupils of eyes, flowers in layers clusters
, grasses crab spiders like a cub that broke an egg,
to struggle, falling backward, falling forward,
rolling around, the soft flower stumbles in the cold sky.

It was shivering in spring March,
it's more futile to just go back,
by the sweet smell of flowers, a ticklish sneeze,
it keeps throwing up the yellow bitter pill,

The yellow sap that was flowing,
in the thin blood vessels of the tree,
as the messenger of spring, the yellow flower,
it shoves away it out of its body.

상록수

안산 샘골 교회
종소리 들리는
뜰 안 언덕

상록수의 꽃
스물여섯 살 요절한
최 용신의 둥근 묘
어긋난 사랑 약혼자의 네모난 묘
나란히 누워 애절한 영혼결혼식 치렀다

잠자는 자 잠을 깨라
눈먼 자 눈을 떠라
살길을 닦아보자.
농촌을 발전시키자
가난을 훈련하자
어진 어머니가 되자
큰 감동 받은 청소년 기르자
위인전을 읽자
위대한 사람 꿈꾸라
배워야 산다. 아는 것이 힘이다

빼앗긴 나라 샘골 마을 언덕
아주 작은 농촌 깨우며
독립을 꿈꾸던 처녀는
하면 된다! 아직도 외치고 있다

Evergreen trees

Ansan Saemgol church,
ringing the bell,
on the hill in the garden,

reen trees flowers,
who died early at the age of twenty six,
the round tomb of Choi yong-shin,
a false love, the square grave of her fiance,
to lay side by side, they had a sad soul wedding.

Wake up a sleeper,
open your eyes, blind people,
let's make a living way,
let's develop the countryside,
let's train poverty,
let's be a wise mother,
let's raise a teenager who's deeply moved,
let's read the great Men's dictionary,
dream of a great man,
you have to learn to live, knowledge is power.

A deprived country, Samgol village hill,
waking up a very small countryside,
the girl who dreamed of independence,
just do it !, she's still shouting.

가면시대

올림픽이나
온 세계 거리축제 마다
괴상망측한 가면이 등장한다.

안동 하회탈춤도
송파 산대놀이도
늘 흥미롭다.

뉴스시간에 가면 벗은
어제 유명인의 민낯 보기 어렵고
어떤 이는 가면과 목숨을 맞바꾸는
얼굴도 생각과 마음도
가면을 써야 사는 세상이 애처롭다.

탈의실 문 여니
누가 열 개 쯤 가면을 걸어 놓았다
나도 가면 골라 쓰고 길을 나선다.

Mask times

On the olympic games or over the whole world,
all street festivals with the queer and ugly masks
entered on the stage.

Andong's a hahoi mask dancing,
Songpa's a sandae drama mask,
always be interesting.

On news time to take off his mask, as looking for
yesterday's VVIP with a naked face, be very
hard.
Mr. so and so's life be bartered for the mask.
a face, a thought and a heart having to put on
the
masks, its world be pitiful.

For opening a locker room door,
someone hung about ten masks on it.
now I choose to put on the mask, hit on the road.

귀뚜라미(2)

헛간에 울던 귀뚜라미
춥다고 손을 비비며
방안으로 기어 들어오네

삼복 베적삼 흠뻑 젖도록
밤낮 불러 대든 그 많은 노래
구슬픈 사연 까맣게 잊은 듯
멍청한 몸짓
연탄 아끼던 혹독한 겨울

친정집 싸리문 열자
칼바람 우루루 달려들어
늙은 부모 얼싸안고
가지 말라 발목을 잡네

Cricket(2)

A cricket cried in a storage,
feels too cold, rubs it's hands,
and creeps into the room.

Hemp cloths to be soaked fully
during the three dog days,
it sang a lot of songs over night and day,
a fool's gesture be forgot a sad story at all,
it was a very cold winter saved a briquet.

At a daughter's parent's home,
opening a gate made of bush color,
now a cutting wind is jumping at
and hugging in old parents,
says "not to go"
and be chained to their's legs.

기차통학

고교시절
고향마을 간이역에서
서울로 기차통학 했다

늦잠 잔 날은
산 넘어 기적 울면
엄마의 새벽밥을
찬물에 말아 후루룩 마셨다

허겁지겁 책가방 메고
역에 달려가면
저만치 연기 뿜는
기관차가 달려온다

기차가 출발할 때 까지
엄마는 산언덕 올라
손을 저으셨다

Attending school by train

In high school days,
from a simple station of old home village to Seoul,
I did attend school by the train.

In a oversleeping day,
when it whistled over mountain,
I put mom's daybreak rice
into cold water and slurp down it.

In the hurry,
ran to the station with a backpack on shoulder,
over there a smoking steam locomotive
was coming soon.

Till the train leaved,
mom went upon the hill
and waved her hand.

건물 청소부

장맛비 내리는 아침 창밖을 보다
자기키의 삼십 배는 넘는 빌딩 외벽에서
외줄에 매달린 사내 넷이 나란히 하강하고 있다

보는 이마다 가슴 졸이는데
목숨 맨 외줄 믿는 사내들은
두려움커녕 왔다 갔다 시계추 율동하듯
비누물총 쏘며 외벽을 걸레질 한다

저렇게 즐겁게 힘든 일하는
저들의 등줄기에 함께 매달려 사는 식구는
고구마처럼 주렁주렁 거린다.

장맛비는 일꾼의 반품을 덜어주는 사랑스런 손길
엄마가 씻긴 개구쟁이 알몸처럼
허여멀건 건물이 눈앞에 우뚝 섰다

Building cleaner

A heavy rain in the morning,
as to look out of a window,
over self height thirty times,
from a building outer wall,
four men be climbing down a rope side by side.

All lookers be deeply worried about it,
a single rope to risk their life, that guys be sure of,
even not to be afraid of it, comings and goings
like a pendulum clock rhythmically,
to shoot with a soupy water gun,
and they be wiping its outer wall.

Like that joyfully doing a hard job, from their back,
together to hang down for living as a family be hanging
down in clusters like the sweet potatoes.

A heavy rain to cut off a worker's a half day's labor
as a loving hand,
being washed by Mom, like a naughty's nude,
a nice and fair building be standing up before my eyes.

누룽지 여행

타국 모텔 방
누룽지가
커피포트 속 냄새 풍긴다

누렇게 익은
군침 도는
누룽지가 금빛 반짝인다

며칠째 낯선 음식에
적응 못하던
입맛 찾은 나
밑반찬 곁들인 누룽지가
여행객의 필수품 인증 샷 한다

그 많은 음식 중
가방 구석에
푸대접 받던
누룽지가 인기 폭발이다

Nurungji scorched rice trip

A motel room in another country,
nurungji scorched rice,
it smells in coffee pot.

The yellowish-ripe,
and mouth-watering,
nurungji is shining gold.

For days, by unfamiliar food,
to be not used to it,
I've found my appetite,
the nurungji wth side dishes,
it's a must-have item for travelers.

Of all the food,
in the corner of the bag,
treated poorly,
the nurungji is a popular bomb.

한 점의 구름 되어

꿈같은 구름바다 걷고 넘어
지구촌 사하라 땅 끝 마을
카사블랑카 언덕에 내리니

이제야 숨 고른 지중해는
쪽빛 머리 빗은 뒤
하얀 집을 베고 잠드는데

한 점의 구름 되어
저녁 하늘에 떠돈다

To be a speck of cloud

Walking on and over the cloud sea
like a dream,
get a happy landing on Casablanca hill,
at the end of earth global village,
in Sahara Des.

Now Mediterranean sea does breathe,
after comb its indigo blue hair,
lay it's head on a white house
and fall in a sleep.

To be a speck of cloud,
it's wandering about
on an evening sky.

가을비야

가을비야
잠깐
그쳐라

금방
하나님
붓글씨 쓰신다.

일필휘지
"ㄱ"자 쓰는
기러기 떼가
푸른 하늘을
힘차게
가로 질러 날아간다.

먹물 흘러
촉촉이 번져
내 가슴이 물들면
누가 닦아 주랴.

Fall rain Ah!

It is fall rain!
for a moment,
do not come here.

Just now,
God is writing,
with a calligraphy quickly.

Dashing off with one stroke of a brush,
a group of geese
write letter   "ㄱ" ,
in the blue sky
powerfully,
it is flying away horizontal across.

The ink is dripping,
so moisture spreads,
when my heart colored,
who is going to wash that for me?.

노래 부르는 조각상

매화 목련 진달래 복숭아꽃 이름 부르며
대공원 야외 로봇 조각상
녹슨 철제 턱 벌려 고향의 봄노래 독창하는데
연두 능수버들 호수에 철퍼덩 누워
노래 맞추어 춤춘다

봄바람 꽃향 환각된 조각상
콧노래 흥얼거리며 고양이 발톱
양철 지붕 긁는 소리 낸다

갈대 숲 왜가리 한 마리
먹붕어 잡아먹고 왝왝 왝왝
승리의 노래 따라 부른다

봄의 향연 만끽한 상춘객은
하늘 외줄에 매달려 호수 건너며
조각상 환호하는 손짓 자신감 낚는다

Singing statue

Apricat, magonia, azaria, peach blossom,
call it by name, in Seoul grand park,
outdoor robot statute extend open
a rusty thin plate jaw
sings a spring song its home town.
the light green tamarisk
nestled down in lakes and dance to a music.

An old statue to be hallucinated
hums songs like a cat's claw makes
the scratching sounds of a thin plate roof.

In the reed forest
a heron one eating a black fish,
and sings a song of triump, Wae-Aek Wae-Aek.

Springtime picnickers experienced in a feast of spring,
hanging from a single line in the sky
and cross the lake, so confidence is caught.

대추방망이

도깨비방망이는
대추방망이
앵두 따먹고
살구 복숭아 무르익는데
대추는커녕 싹아지가 없다

죽은 건지 산 건지 알 수가 없어
뿌리 채 뽑아 물독에
한삼일 불려도 감감무소식
묘목상에 가져가 생사 진단을 요구하니
산놈 이란다

유월 초여름인데 싹도 없는 염치없는 놈아
물주머니 달고 일주일 물 퍼 먹였더니
끝가지에 개미 눈꼽 마냥 녹색 빛이 튼다

야무진 대추방망이야
올 추석 왕대추 안주면
혼내 줄 거야.

Jujube bat

Goblin bat is jujube bat.
eating cherries,
Apricot, peach are ripe,
for from jujube, there's no bed.

Dead or alive, doing not to not t know,
to root out, for couple of days or three,
to put it in the water jar,
no news for a longtime,
to take to a seedling shop,
demanding a diagnosis of life and death,
he says t's a living three.

June it's early summer,
no bud, no shame, you,
with a water bag,
during a week to pump it with water,
to the end like an ant eyeball,
its buds sprout.

It's a smart jujube bat,
this chuseak,
if you don't give me, the king jujube,
I'll kick your ass.

백두산(1)

백 살을 넘겨 살아도 가보지 못하고 죽으리라
갇아 둔 백두산

백가지 묵은 한이 실타래 되어
얽히고 설켜 풀리지 않터니만
지금 백두산 정상에 서서 두루두루 살펴보니
억겁을 숨겨온 천지의 푸르고 맑은 물
한민족의 얼이 장엄하게 빛난다
오! 찬란한 동방의 힘이여! 빛이여! 비상의 날갯짓이여!

산산이 흩어진 추억과 사람들 삽시간에
유령처럼 몰려와 눈 녹듯이 한 폭의 그림 되어
부평초처럼 백두산 천지 위에 두둥실
도도히 흐르다가 백두 폭포 천길만길 떨어져
산산조각 찢어지고 아프다 소리친다
악- 아악- 아아악- 하나가 되어라! 통일이여 오라!
만방을 향해 외치며 흩어진다

달궈진 몸 식히며 또 다시 한 줄기 되어 대륙의 땅으로 삼천리
금수강산 축복의 땅으로 말없이 흐른다

Mt. Baektu (1)

All have been lived over one hundred years old,
it will be dying alone and not to go to see
Mt. Baektu shut up.
One hundred kinds of the old grievances messed up
and tamed as a thread not to untie,
now standing up on the top of Mt. Baektu
and looking it around,
the blue and clean crater lake hidden for eternity,
one Korea race' spirit be brightening
in a solemn atmosphere.
Oh! be the glorious east Korea' power!
be the light! be the flying of wings!
Some memories and peoples to be scattered
are gathering together in a minute like a ghost
and snow melts, so far to be a drawing
as a floating weed on the crater lake in Mt. Baektu
is floating lightly.
Backtu falls dropping down thousand gil ten thousand
gil as a height of a man,
Bits and pieces be torn and cry out in a pain,
Ak- A Ak- A A Ak- Be one! Come a uification! shouting
and scattering forward every way.
Cooling down a hot body and to be one stream to
the ground of the continent of Asia and three thousands ri,
a land of picturesque rivers and mountains are flowing to a
blessing peninsula silently.

가족묘

분당 추모 공원에
어렵사리
가족묘 장만 했다

할아버지 내곡산
찻소리 시끄러워 팔린다기에
어머니 문막 산골 외롭다기에
형님 남한산 자락
진 구렁텅이 춥다기에

가족묘 옥합에 모시니
이승에 멈춘 삶
저승의 삶 한없이 뻗어
자손들 한 뿌리 된다

모두 흡족해 하는데
나는 일층 한구석
내 자리를 뒤 돌아 보았다

Family domb

Three-forked heart be to one,
so got ready a family domb
at Bundang memorial park barely.

Grandpa's house at Mt. Naegok
to sell it because of car noises,
mother's house at Mt. Munmak valley be so
lonesome.
brother's house at the skirt of Mt. Namhan
as a watery hollow be cold.

It be very close, and served it in a precious stone
pot
of a two storied concrete family domb,
a life stopped at this world, so far the endless life
of next world stretch out, all offsprings be to one
root.

All look satisfied,
I looked back my seat
at a lobby of the first floor.

홍시 가지 쥐고

소금강 물줄기 찾아
월정사 오르는 길
선재교 건너는 노승 손엔
지난밤 돌풍 맞은
홍시 가지 쥐고 간다

오늘 깨우침 무어냐 묻자
홍시 주렁이는 감나무
벌거숭이 가리킨다

무지렁이 깊은 뜻 몰라 되묻자
꽃도 갈잎도 아니 천하 다 품은
저것 감씨 한 톨 이라한다

십자소 비춘 작은 제 얼굴 본 뒤
해와 달 기우는 마을 인심
마지막 홍시 하나 까치 주듯
감나무처럼 살라한다

Branch of a mellowed persimmon in hand

Looking for a stream of Sogeumgang liver,
and go up on Woljeongsa temple way,
an old Buddhist who cross Seonjaegyo bridge
with a branch of a mellowed persimmon in hand
be held back by a squall during last night and go
up.

"What is a achived spiritual awakening of today?"
ask for, it point to a persimmon tree in a nude.

The folly of fools doesn't read a deep meaning of
it
and so on ask for it repeatedly,
that one persimmon seed hug all flowers,
fallen leaves or the earth in it's bosom.

After sun and moon saw it-self a small face
be reflected in the cross swamp and is going down
as it's a man's mind of a village
it say you have to live like a persimmon tree
give last one mellowed persimmon to a magpie.

2부

도깨비불

초여름 밤 동갑내기 외사촌
나를 끌고 뒷동산 올라
도깨비 불 구경시켜 주었다

구룡산 모롱이 꼬리 문 불꽃이
나무 사이로 어른거리는
그 무섭던 꼬리 문 불꽃

지금은 밤마다 자동차 불빛이
도깨비불처럼 흔들리고 있다
아직도 나는 도깨비불에 홀려
자동차 불빛을 알지 못한다

Dead fire

Early summer night the same age
a maternal cousin took me and went up
the back hill and let me see a dead fire.

At a corner of Mt. GuRyong
its sparks ran bumper to bumper
between threes and be dazzled
by the fearful sparks bumper to bumper.

Now every night a car light are flickering
like sparks of a dead fire,
still I'm possessed by a dead fire,
and can't see the cars lights.

단골 손님

팔순 넘은 똠방 할머니
잡곡 노점 차렸다
오늘은 휑한 자리
발에 뒤채이는 드문 흥정

섣달그믐 내린
진눈깨비 눈발 아래
흩어진 알갱이들 때맞춘 나래짓
비둘기 가족 세 마리
단골손님 찾아왔다

할머니 손 놓고
평화롭게 모이 쪼는
비둘기 바라본다

매일 정 나누며
형제처럼
조화로운 나날 살아간다

Regular customer

After more than a 80 years old
a faithful grandma
stalls open all kinds of grain booth.
Today is a empty seat,
a rare bargain kicking with feet.

In New Year's Eve,
under it rains with a mingling of snow
those scattering grains.

Wings flapping of the timely,
three families of the pigeons
a regular customer came.
Grandma put her hand and looks up pigeons
to feed up its grains peacefully.

Everyday feeling of sharing
like brothers,
she lives in a harmonious days.

돈 다려 주는 남자

우리 동네 세탁소 아저씨는
세탁 수선비로 만원 짜리 내면
거스름돈 천원 짜리를 다리미로 다려준다

옛날 어머니는
옥양목 치마저고리 다릴 때마다
교회 연보돈을
꼭 다리미로 빠빳하게 다렸다

설날 세배하면
할아버지는 모본단 조끼 주머니에서
빠빳한 돈을 또래 형제에게 나누어 줬다

돈 가치 알고
세상 주름살 펴는데 바르게 써야한다며
그 남자는 구겨진 지폐를 다리고 있다

Man ironing bills

In our village a laundryman, for washing and repairing
expenses to pay ten thousand won bill,
and pressed the change money
as a thousand won bills with an iron.

Old days mother used to press,
her carico skirt and jacket,
and press the church offering bills crispingly,
surely with an iron.

On new year day, to perform a bow,
from grandpa's silk vest pocket,
he gave to share all a crisp bills
to brothers of the same age.

Money value to know, for pressing out the wrinkles
of the world, just spend money for it rightly,
now he be ironing a crumpled bills.

단발머리 소녀

보고픔이
마술 부려 나를 끌고
학교 구내식당으로 갑니다

내 또래 단발머리 소녀가 일하는 모습 보려고
마지막 종 울리면 달려가 창가에 기웃거려도
내가 들여다보는 것도 모르는 체
식탁을 열심히 닦고 있습니다

님 그리워
접동새
울고 간 저녁

문 못 열고
짝사랑만 하다가
그냥 돌아갑니다

Bobbed-haired girl

Missing you very much,
it dragged me of magic
for going to the school cafeteria.

My age, a bobbed-haired girl is working in there,
I be going to see her. then the last bell rang,
ran and watched into the window. even I looked
into it, she was wiping off the table hard without
knowing me.

So much missing you,
a cuckoo cried over
and be back home in that evening.

Couldn't open the door,
as for falling in one-sided loves,
it just made me back.

대공원 호수

둑길의 상록수 능수버들도 노송도
호수에 비치어
그림자는 황홀경을 만든다.

호수의 주인 청둥오리가
새끼 몰고 다니며
물고기 사냥한다.

쪽배 저어 같이 놀고 싶지만
멀리 날아갈 것이고
지금의 정경은 물결에
깨질 것 뻔해
포기 할 수밖에 없다.

케이블 카 건너는 호숫가
바위에 앉은
한 마리 왜가리처럼
그냥 거꾸로 세상을 보며 시를 읊고 있다

Grand park lake

On the bank path, evergreen tree, weeping willow,
old pine tree, all are mirrored in the lake,
with shadows to be in ecstasies.

The owner of a lake as a wild duck,
is driving
a baby around and to hunt fish.

To row a boat,
loving to play with it,
but it'll fly away,
its view will be broken by the waves clearly.
so to have no choice but to give up.

Cable cars crossing over the lakeside,
siting on a rock,
like a heron is just looking back at the world
and reciting a poem.

동춘

언 치마 자락
하양 명주이불 뒤집어쓰고
흰 속살로만 실뿌리 내리는 삼동

버들강아지 조아린 꼬리
백설모자 눌러쓰고
머리 꼬라박은 채로
얼어붙은 항명의 억소리

모가지가 아픈 가지마다
긴 세월 곰삭은 뿌리
언 발등에도
떠돌뱅이 어름
조막손이 간질이면

충혈 된 눈을 뜨는
모진 생명의 몸부림

Winter Spring

A frozen hem of skirt
during the three winter days,
a white skin only
do stretch yarn roots to go.

A catkin dip it's tail and bowed deeply,
and put on a snow white hat
it's head declined down,
and the sound of disobedience frozen.

It's neck hurt of every branch,
for long years
even frozen foot of the old roots,
a traveler, an ice claw-handed person,

It be a bloodshot eyes open
and a harsh struggle of life.

당나귀와 시인

새해 아침
카톡 방문 여니
꾀 많은 근육질 당나귀가
문 앞에 버티고 섰다

길 건너 집 모퉁이
매어 하늘만 바라보던
낯익은 심드렁한 수탕나귀다.

아주 많은 시집을
등에 메고 지고 배회하는
고달픈 당나귀 울음
색소폰 소리보다 더 애달프다.

당나귀는
고삐 풀린 자유 시인이 되어
청중 앞에 시냇물 건너듯
자작시를 줄줄 낭송하고 있다.

Donkey & poet

New Year's morning,
to open Kakaotalk's room door,
a clever and muscular donkey,
before the door, be standing up.

Across the street, at the house corner,
to be tied up,
always used to be looking up to the sky,
it be a familiar and unwilling jackass.

The very much poetry books,
on its back to carry and wander about,
a tired donkey's crying,
so it be more pitiful than the saxophone sound.

That donkey untied from the reins,
be done a free poet,
before an audience, like going across a stream,
be reciting his own poems fluently.

단양 팔경(1)

소백산 오색 단풍 활활 타고
저녁놀 남한강
물속 거꾸로 누워 푸른물 들인다

해 넘자 어느덧 그믐달 뜬
강물에 조각배 흐를 때
강벼랑 넝쿨 장미꽃 넋 잃고 섰다

산마루 온달성 순국한 온달 장군
붙잡고 우는 평강공주 사랑은
노오란 산국보다 향기롭다

호텔 정원 홍단풍 저녁 햇살 토한 붉은빛
설렌 나그네 세상만사 짝이 있거늘
외로운 저 낙엽은 인생 짝하자 부른다

Eight views of Danyang(1)

The five colored leaves of Mt. Soback glow on fire,
Namhangang liver of evening glow
lying in the water upside down and be dyed blue.

The sun sets finally the last moon rise up,
when a small boat is flowing in a liver,
the rose of the liver cliff lost soul and stands.

In Ondal castle on the hilltop
Pyeonggang princess' love take hold of
the general Ondal died and cried over,
be more fragrant than a wild chrysanthemum.

Red leaves in the garden of hotel spit out red
right
as a fluttering traveler,
there is a mate of everything in the world,
that lonely leaves are calling its mate with a life.

돈지갑

교회 헌금 드리고 뒷주머니에
전 재산 든 돈지갑 넣었는데
집에 와보니 지갑 없다
눈앞이 캄캄한데 차 돌려 찾으러 간다

싸이렌 소리에 놀란
나와 아내는 찾기를
간절히 기도 한다

스마트폰 벨 울린다
혹시 김 집사님 이세요
안내 데스크로 지갑 찾으러 오세요

누군지 돌려준 이에 감사와
돈지갑 기쁨으로 맞는 가을바람엔
부활한 낙엽이 자동차 초월해
대로 차선 위에 춤추며 굴러 간다

Purse

After offering for church, I put a coin purse
all property in back pockets, look it back at home,
no purse,
getting dark before eyes,
the car around and went to navigate it.

Surprised by the siren sounds,
I and my wife
hardly prayed for it to find out.

Smart phone bell rings, are you Deacon. Kim?
please! come to the front desk
for taking your purse back.

To thank for this purse returning some one,
so it's the happy fall wind, as the revival falling leaves
big dance and runs onto the car lines,
are faster than cars.

로즈 데이

사랑이란 이름으로
발가벗은 조각상
오월 장미 날
붉은 장미 꽃밭에 섰다

늦 봄바람 난 빨강 하양 장미 한 쌍
입술을 맞추고 엉킨 불타는 열정
한줄기 소낙비라도 뿌려야 꺼지겠다

두 노파 시들어버린 사랑
조각상 남성을 배경삼아 천연덕스럽게
추억의 사진 한 장 찍는다

장미원 야외 공연장 피아노 반주 따라
팝 가수의 노래 꽃말
정열 만남 질투 배반 이별 담은
영원한 사랑을 위하여
한번은 죽으리라 맹세한다

Rose day

By the name of love, a statue in the nude,
May rose day,
be standing in a red rose field.

A pair of red and white rose to have secret love
affairs in a late spring, the lips did kiss other,
a burning ardent love to get tangled,
a heavy shower must scatter, so on its fire will go
off.

Two old women with the love died out,
took a memorial picture with a statue male
for a background naturally.

In the rose field, the outdoor music hall,
pop singer sing to piano player,
as the language of flowers,
to put on a passion, meeting, jealousy, betrayal,
be swearing to die for an eternal love once.

로봇 맨

로봇이
축구공 차고
농구공 넣는다

주인이 노크하자 문 열고 인사하고
밥상 들고 와 커피 시중한 뒤
기타 치며 노래한다

바둑 두고
대리 운전하고 농사일 돕더니
어깨 팔다리 주무르며
옛이야기 속삭인다

훗날엔
로봇과 결혼한 신랑 신부가
결혼 행진곡 따라 걸어 나가는
로봇 맨 섬뜩하다

Robot man

A robot
kick and play a football,
put in a basketball.

A master knocked it, open door,
say hello, and carry with an eating table,
after serving for a cup of coffee,
play the guitar and sing a song.

Play a Go, be a proxy driver,
and help for a farm work,
give a massage for the shoulders, legs and arms,
so on exchange whispers an old story.

In the future another day,
the bride and bridegroom get married with the robot
and hit the new road along a wedding march,
the robot man will make one's hair stand on end.

모과(1)

낙성대 뒤안길
모과나무 정자에 앉아
피자와 치킨 배달 시켜 친목 다진다

가을 솔솔 바람에
딱! 쿵! 하며 모과나무가 맞장구치는 소리가 나고
손질 않은 모과나무 가지 휘도록 열매 달려
가을 깊어지니 제멋에 흥겨워 부러졌다

과일전 망신시키는
임자 없는 모과라
열 명이 나누고도 남았다

집에 가져다 놓았더니
노오랗게 익은 모과 차 향은 깊어져
고즈넉한 가을 정취에 흠뻑 젖는다

Quince(1)

Nakseongdae on the back road, a quince tree,
sitting on a arbor, delivering pizza and chicken
promote mutual friendship.

In the fall wind, just with a bang,
a quince plays with an outfit and a noise.
a quince tree not to take care of, with branches
heavily laden with fruit, and was broken as it's
pleases.

A stray quince was a disgrace to
it's the same friut shop exactly,
so ten people sharing and it left.

Bring it home, yellow ripe quince,
the deep smell of tea,
in the scent of fall quite and clean, it got wet.

호박꽃 사랑

심드렁한 옥상 화단의 호박순에
벌써 호박꽃이 가슴 열고
벌과 나비 불러 꿀을 퍼준다

난간 안팎에 가지 뻗어
아기 머리통만한 호박 매달려
아스라이 바람에 그네 뛴다

태풍에 떨어질까 호박꽃은 좋은 자리에
옮겨가다가 실낙원에 살아보고
사흘 들이로 애호박이 열리는 구나

끝순 마다 호박잎쌈 주고
늙은 호박은 깡마른 덩굴손 더듬거려 탯줄을 잡고
수많은 종자를 수태하고 긴 동면에 드니 봄은 있다

Pumpkin blossom love

At a pumpkin shoot in the roof garden to be rather
uninterested in, already pumpkin blossom open its
breast out, call out bee and butterfly and draw up
to share its honey with them.

In and out of a guard rail, its branch stretched out
as the pumpkin hang on, have a swing thrilling
by wind.

By typhoon, to fall down or not, a pumpkin blossom
moved over to a nice spot, so far it did live in
a paradise lost, a young pumpkin be bearing for
a hobby every three days.

All end shoots gave its pumpkin leaves lettuce,
an old pumpkin go feeling for with a skinny and
dried up tendril, and hold the umbilical cord,
conceiving a lot of seed plant in a long winter
sleep, so spring be.

누에 다리

한양 호랑이
산적 출몰하던
우면산 자락 뽕나무 골

지금은 빌딩 숲
사라진 누에 한 마리 환생한 듯
숲과 숲을 잇는 누에 다리 꿈틀 거린다

오천 척 실을
손가락 크기 몸속에 감고
축지법의 삶을 사는 누에
고난을 넘어 다산과 풍요를 꿈꾼다

하늘 보면 살고
땅에 입 맞추면 죽는 하늘바라기 누에
오늘도 잠심벌 뽕밭 기어가 뽕잎 먹고
남한산성 꼭대기 향해 도리질 하는
다리가 되었나 보다

Silkworm bridge

In Hanyang, a tiger and a bandit,
had appeared frequently,
on the skirt of Mt. Umyeon, in the mulberry valley.

Now, in the building forest,
like a disappeared silkworm be born again,
from a forest to a forest to connect,
as a silkworm bridge be wiggling.

To quill 5000 check yarn in a finger sized body,
to connect space by magic as a silkworm,
over a trial, does dream for bearing many young and richness.

If looking up the sky, it's to live,
if kissing to the earth, it's to die,
so to be the sky looker as a silkworm,
today, to crawl along Jamsil mulberry field,
and eat its leaves, a silkworm be shaking its head
upward Mt. Namhan wall top.
as to look like it be done a bridge.

우체국 산수유

타원형의 빨강 우체통
허기진 투입구를 마주보며
산수유 한그루 서있다

고향의 송아지 울음
개구리 소리
잊으려 해도 윙윙 이명 울린다.

시 편지 조막손 마다 움켜쥐고
집 새들 간식
빨간 열매 묵은 가지에 수두룩한데
무엇이 급한지 노랗게 질린 꽃망울
헛꽃을 본다.

하늘 어버이 호령소리에
깜짝 놀라 두 손 펴니
봄이다 봄 봄

Postoffice cornus fruit

An oval red postbox,
facing a hunger letter drop,
a cornus fruit stand.

In hometown a calf cry,
a frog sound,
even if trying to forget it,
the buzzing is ringing.

A poetic letter, to grab at every hand,
the house birds snack
as a red fruit be numerous on the old branch.
what is urgent, a yellow flower bud cowed
does see a vain flower.

At the roar of the sky parents,
with surprise, to stretch out two hands,
it is spring, spring, spring.

네잎 클로버의 손짓

산토끼가 좋아하는 네잎 클로버
나도 좋아하는 네잎 클로버
모두 좋아한다.

깊은 산골 네잎 클로버 찾는
희망 찬 눈빛
별이라도 딸 듯 놀랍다

산중 해변시인학교 시인이 길가
한줌의 네잎 클로버 따가지고 와
모두에게 행운을 선물하고도 남았다

오늘도 네잎 팔랑개비는
희망 사랑 행복 행운 싣고
우리 마음 축 돌며 활력 추진하는데
푸른 클로버 언덕에 어서 오라고 손짓한다.

Four-leaf clover's hand gesture

Hare's favorite four-leaf clover,
my favorite four-leaf clover,
everyone likes it.

In a deep mountain valley,
looking for a four-leaf clover,
with a hopeful look,
like picking a star, it's amaging.

In the mountain, of beach poetry school,
by the road side,
a poet brings a handful of four-leaf clover,
I've got to give everyone good luck,
and that's what's left of it.

Today, the four-leaf pinwheel,
to carry hope love happiness good luck,
turning the axis of our hearts and promote vitality,
to the green hill, it beckons me to come.

늙정이

가랑잎 더미 헤집고 걷는 길
낙엽 한 잎 질 때 마다
큰일 알리는 앞길 발에 밟힌다

잎사귀는 뿌리 찾아 은혜 갚는데
사람은 그냥 흙으로 돌아 갈 뿐이다
낙엽비 우수수 돌바람 불면
겨울나무 이부자리 끌어 덮는다

송곳추위 속
어린 눈 품고 있다 떨어진
플라타너스 잎사귀가
행인의 마음 굴린다

구두 밑창 달라붙은 젖은 낙엽
세상 끈 놓지 못하는
늙정이 붉은 울음운다

An old person

Throwing a dead leaf heap and to walk way,
a falling leaves on the road
that tells big deal was tramped on greatly.

The leaves be back to the root paying the faver,
people are just returning to the ground.
splashing and dropping a fallen leaves by a squall,
winter trees cover a quilt and try it pulls.

In the weather like a drill,
the leaves of platanus
been hugged young buds
and rolls passersby' heart.

The sole of a shoe adhering the wet leaves,
not put a strap of the world,
crying red an old person cries.

누구를 위하여 종은 울리나

알프스 끝자락
만년설 녹아내린
블레트 호수 위 뜬 작은 섬

교회종탑
다닐 종
부부는 줄을 당겨 종을 친다.

물 맑은 호수 꿈꾸는 송어
호수 지킴이 어부도
고깃배 여행객 신고
구구계단 오르는데

성직자와 왕을
어부와 농부를
집시와 나그네을
전쟁과 평화를 위하여
그들은 종소리를 들을 수 있을까

For whom the bell tolls

The Alps, on the end skirt,
an icecap thawed down
on the Bled lake,
a small floating isle.

A church bell tower,
the bell rings to go around,
a husband and wife draw a rope and ring a bell.

In the clean water lake,
a dreamful trout,
a lake keeper as a fisherman,
a fisherboat taking a traveler on it,
so to go up 99 steps.

For a priest and a king,
a fisherman and a farmer,
a gypsy and a traveler,
a war and a peace,
can they hear the bell?

노란 집

절벽과 절벽을 잇는
스페인 누에보 다리 건너면
작은 마을 절벽 끝에
헤밍웨이 노란 집 하나
허공에 매달리어 아찔하다

적막한 계곡아래
연두색 풀과 노란 꽃은 저리도 곱고
숨바꼭질 하던 물
햇빛에 들키어 남색 초롱거린다

그가 거닐던 길 따라
커피 즐겨 찾던 암벽 카페에 둘러 앉아
삶의 전율과 향기 맛본다

아직도 주인 잃은 노란 집은
고기잡이 나간 바다의 노인과 소년을
길거리 소녀처럼 애타게 기다리고 있다

Yellow house

To cross Spain Nuev bridge
connecting with a cliff and a cliff,
at the edge of a cliff of a small village,
Hemingway' yellow house one
hung in the air and be dizzy.

Under a lonely valley,
green grasses and yellow flowers so are beautiful,
its water playing I-spy be found by the sunlight,
and a deep blue be charmingly.

Following to that way Hemingway used to walk on,
and visit to enjoy a coffee in a rock-wall cafe,
sitting around it to get a thrill
and a sweat smell of a life.

Still the yellow house are waiting for
an old man and a boy of the sea
going fishing pitifully like a street-girl.

칸트 산책길

칸트가 온 종일
벤치에 앉아
책을 읽고 있다

옆 빈자리에
앉아
책을 엿보았다

행복 위해
일하고
사랑하고
희망을 지켜
빛 볼 날을 맞아야겠다.

산책길 칸트 조각상과
어깨동무하고
이야기하다
집에 늦게 돌아왔다

Kant's promenade

Kant all day long,
sit on a bench,
be reading a book.

On the next vacant seat,
to sit on it,
and did peek at the book.

"for happiness
work,
love,
get a hope,
so surely a bright day comes,"
just as to wait for!

On its walk way,
with Kant's statue,
to put arms around each other's shoulders,
having a talk with him,
and come back home lately.

3부

목련(1)

이 꽃 저 꽃 건들 피어나는
사월의 나른한 오후
잠시 붓길을 멈추고 창밖을 본다

목련꽃 봉우리들이
서실에서 새어 나오는 연묵 가는 소리에
두 귀를 쫑긋 세우고 흘끗 곁눈질 한다

서생들이
"천하제일 명화 백목련" 이라고
쓴 뜻을 알아차리고 끄덕 끄덕

꾹 참았던 웃음을 터트리고
한바탕
흐드러지게 웃고 있다

Magnolia(1)

This flower that flower it flowers off and on,
a tired of afternoon in April,
and stop a writing brush in a minute
to look out a window.

The magnolia blossoms be heard outside of
a calligraphy room, the sound of rubing an ink-
stick,
and two ears listen for taking a brief look at it.

The writing students read its meanings written in
"The first on earth, A master-peace of painting,
A white magnolia blossom" on it
with a nod and nodding.

A laugh stood firm it burst out
a good laugh over its smiling a smile splendidly.

맥랑 시대

시냇가 길게 뻗은 보리밭에
청보리가 기지개 켜고
봄비 맛보자 허벅지 까지 치솟아
통통히 알배고
눈곱 털며 이삭 피어나
추위와 배고픔도
다 잊은 듯 맥랑 춤춘다

싸리문 앞 졸며
주인 기다리던 강아지처럼
바람 소리에 깨어나 반가이 꼬리 흔들 때
바라보면 배부르고
시원스럽고 평화스러운
청보리 고갯길 너머로
꺼끄러기 수염 찌르는 하늘에
머리 뱅뱅 돌려 발랄하게 맥랑 춤춘다

Barley waves times

Along to a stream side a barley field spread out longer,
the green barley stretching itself,
after taking a taste of spring rain,
it shot up to the thigh,
bearing a full of barley head, to sweep off
eyes mucus and it be all out and dancing.
like to forget all it's the cold and hunger.

To doze before the bush clover door,
as a puppy waiting for its master be awakened
by the wind sound, gladly wagging its tail,
just look at it be the stomach full,
cool and peaceful,
getting over the green barley hump,
pricking the sky with a rough awn, turing its head
around and around it be dancing youthfully.

모래시계

정동진 모래시계
한해 한바퀴
가슴을 쓸어내리는
한해살이
바다를 지켜보며 돈다

고향 바다를
어머니를
잊지 못해
고운 살결 서로 비비며
초침 없는 모래로
한해 길이를 잰다.

억겁의 한해살이를
살아온 바다 따라
나도 힘차게
올해를 끝없이 산다

Sand glass

Jungdongjin sand-glass,
one year one round,
the annual life to sweep down its breast,
be watching for and going round.

At old home,
it never forget the sea and mother,
its soft skin to rub and rub one another,
by the sand without the second hand,
be measuring the length of one year.

Eternity times its annual life,
following that sea has lived for,
also I do live powerfully,
this year endlessly.

민들레 가족

바람이 심은 길가 돌짝밭
못 다 자란 꽃대
노랑 민들레 꽃 벙글거린다.

생긴 대로 낳는 시절
열두 남매 기른 엄마는
밥과 사랑이 모자라 놓아길렀다.

하늘나라 엄마는
자식들 커서 국내외 멀리 떨어져 뿌리 내려
오늘 웃으며 살줄을
어찌 감히 그런 맘을 품을 수 있었으랴

막내둥이 홀씨 하나
신바람 타고 세계 여행
형제자매 깨알 소식 전하고
어버이 은혜 감사하며
지금 혈맥을 튼실이 하고 있다

Dandelion family

The wind sows it,
by the wayside in a stone field,
a flower stalk to be unable to glow up,
the yellow dandelion flowers be all smiles.

All born and bred freely in the time of birth,
a mother's twelve children,
she was short of rice and love,
and so raised them by letting go.

In the haven as mom,
her children grown up
and rooting in at home and abroad far away,
about today living with a smile,
how she could have had such a heart.

The youngest child, as a spore
to ride on a breathtaking world travel,
for brothers and sisters, to give a piece of news,
to thank for parents' grace,
now he is strengthening his blood ties.

별난 연리목

인사동 양반 뒷골목
낡은 기와집 뒤뜰
별난 연리목 나무가
피보다 진한 사랑을 한다.

고목 아카시아 나무
옆구리 뚫고 자란
벽오동나무 떡잎 청청하다

그 동네엔 막내딸 시집 갈 때
장롱 만든 오동나무 씨거나
뒷산 까치가 물어다 키운 싹 일거란
소문이 골목마다 파다하다

동족끼리 엉키어 사는 것도 고통스러운데
별종과 한 몸 되어
사랑하며 산다는 것 얼마나 힘들까

Special common boughs tree

At Insadong gentleman's alleys, and old tile-roofed
house, in the back garden a special common boughs
tree fall in deep love than blood.

A seed leaf of wall paulownia grew up
through the side of the old acacia tree,
and be clear and blue.

In the town, when the last daughter married off,
a seed of paulownia made a wardrobe,
or the magpies in the back mountain carried and
bit in,
it has grown sprouts,
there is a rumor surged out of every alley.

To live with the same clan group that tie it in
knots as a pain, furthermore, being one body with
different clans
and so live for a love each other,
what a difficult thing it is!.

밤바다

함박별
싱싱 쏟아지는
통영 밤바다

저 건너
섬마을 가로등 위
조는 별빛

거북선
기대선
작은 밤 낚싯배

노래도 춤도 지친
별 흐르는 뱃길
바다 주름살 헤어보는
가을밤 나그네

Night sea

Large star-flakes are coming down
in the night sea
of Tongyeong harbor.

On the far island of town,
on the street lamp,
starry light be dozing.

A small night fishing boat
stand against
the turtle shaped ships.

Tired of dance and song,
flowing star passage.
counting wrinkles in a sea traveler
of a fall night.

붉은달(1)

백령도 바다위에
붉은 달이 떠있구나
하이얀 낯빛 간데없고
붉은 낯빛 낯설구나

장떡 소댕 달구는
오마니 불콰한 얼굴
인당수 효녀심청
뒤집어 쓴 치마폭 우는 얼굴

장산곶 뱃길 오가는 포성
놀란 백성 낯빛
연평해전 순국의 젊은 피
낭자히 흐르는 낯빛

해안가 녹슨 철조망에 얼굴 들이민
둥근달 할퀸 생채기 솟는 피
온 바다 붉은 달 흘러만 가네

Red moon(1)

Baengnyeongdo island on the sea,
the red moon rise up,
a white face color has gone away,
a red face color is strange.

Mother with a ruddy face heated up a kettle lid
to bake a soy sauce rice cake.
a filial daughter, SimChung of InDangSu sea,
covered with a tearful face in the width of the
skirt.

On the seaways of JangSan cape, people's face
surprised by the sound of gunfire to and from.
YeongPyeong sea fight,
Martyr's young blood be covered with a face color.

A full moon hang down in the rusty hedgehog
on the seaside, be bleeding from a scratched cut,
the red moon on the sea is flowing away.

버들강아지

은빛 솜털 옷
갈아입고
봄의 길목을
나서는
입춘대길
그날이 오면

버들강아지
꼬리 흔들며
빨갛게
충혈 된 눈을
뜨고
봄 피리
불다

Catkin

A puppy willow
was changing to
a silver cottony dress
and left from
the corner of spring,
"Ipchun daegil"
very early spring and good things,
as that day came.

A catkin
does wag its tail,
and open its bloodshot eyes,
and blow a spring flute.

목월 시정원 개막식에서

오월 월삭에 옛 시인 해후한 기쁨의 보슬비가 내리는데
지상의 수백의 하얀 천사들이 님의 뜰에 모여
사월의 노래 이별의 노래 송아지를 합창 하다

메아리도 빗줄기 타고 백모란도 천국 계단 앞
언덕 땅속에 실뿌리 내리고 활짝 핀 하얀 모란 꽃잎
빗방울 톡톡 두드려 떨구어 봄날을 세며 예다

새 옷 갈아입은 목월 무덤에
드린 국화 꽃송이 생기 돋아 향기 짙고
청노루 맑은 눈망울로 주인 찾아 뛰어가다

뜰안 가득한 주옥같은 시비는
하얀 면사포 벗어 제 얼굴 드러내고
뭇 영혼 달래며 영원한 시를 천상에 새기며 낭송하다

In the opening ceremony of MOK-WOL's poetry garden

At the end of May
it's drizzling spring rain to meet the old poet, on the
ground several hundreds of white angels gathered in
his garden, all sing together
song of April, song of Good-bye, child song of Calf.
An echo gets on the rain and a white peony blossom
in front of heaven stairs on the hill
root deeply into the earth, they're in full bloom,
flowers knocked and fallen by raindrops,
count spring days to go.
MOK-WOL's domb clothed in a new coat,
chrystanthemums offered for him
are full of life and sweet smelling.
a green deer with clean peaked eyes
runs to look for the head of family.
In the garden many monuments inscribed with a gem of
poem, taking off a face veil and showing up it's face,
try to please all spirits,
write it on the sky and declaim it forever.

양동마을

선비정신 선의의 경쟁
안골 구석
삼백 채 한옥마을

앞뜰 정심수 향나무 심은 뜻
심신 바른 입신
일찍 일어남과 늦게 잠
부끄럼 없이 부모 기쁘게
이웃 친척과 즐거운 삶

형산강 양동 뜰
오곡 풍년
향단 창고 가득한 곡물

유방산 어머니 젖줄
제일명당 종택 산실 방
종부 자부심 깊은 뜰안
득남 첫울음 소문
나라일꾼 기른 육백년 나라정신

Yangdong village

A classical scholar's spirit,
friendly rivalry,
Angol corner,
three hundred traditional korean houses village.

In a front garden, a clear mind tree
as an aromatic trees planting meaning,
getting up early and a late sleep,
shamelessly to please parent,
with neighbors a pleasant life.

Hyeongsan gang river, Yangdong field,
a five grains for a rich year,
Hyangdan store filled grain.

Youbang mountain as mother's breast,
the first excellent spot,
in the main family house, a baby room,
as eldest daughter in love's pride in the garden,
a son birth with first crying news,
to raise the country's workers
for 600years the country spirit.

자작나무

이른 가을 건들 비
내리는 자작 소리

희끗 희끗한 몸뚱어리
산비탈 자작나무
등목 시키는 소리 자작자작

서풍 떨구는
가을 낙엽 소리

동생 학교 갔다
산모롱이 돌아오는 장화 발자국 소리

저녁 밥상 짓는 어머니
된장찌개 끓는 소리 자작자작

첫새벽 소죽 쑤는 할아버지
아궁이 자작나무 타는 소리 자작자작

White birch

In early fall
it rains off and on, sound of JaJak.

The body be pepper and salt,
a white birch on a steep mountain slope,
washing the back and neck, it's sound of JaJak JaJak.

A west wind
drops sound of fall leaves.

A little brother coming home back from school,
around the corner of mountain skirts,
with high rubber boots, sound of footprint.

Cooking for a dinner rice table,
mother's soybean-paste pot stew is boiling
with sound of JaJak JaJak.

At dawn as grandpa's be boiling a bull's rice straw,
the white birch in a fireplace
burning sound of JaJak JaJak.

산국화(1)

김용길 2011. 11. 9

어머니는
하얀 산국화

동짓달 초아흐레 날 낳으신 날
북풍 칼바람에 시린 달 차오르며는
마음에 걸린 가시나무 연같이
이내 떠오르는 국화꽃 한송이

노고단 돌탑 작은 디딤돌 틈에
홀씨 날려 하얀 꽃 한 송이 머리에 피운
새끼손가락 두어마디 작은 국화꽃 생각나네
산국화 꽃 그 한 송이 더욱 그립네

발에 밟혀 아사 할 뻔한
바로 그 꽃 한 송이 냉큼 따다가
등허리 다 굽은 어머님께
살아생전 드리리다

Mountain chrysanthemum(1)

Yong-Gil Kim 9 Nov. 2011

Mother is
a white mountain mum.

9 November, my birthday, in a north cutting wind,
a cold moon come up, like a throrny plant kite
hang on a heart, now a mum rise.

Nogodan stone tower, in a crack of small stepstone,
a spore fly, so a white mum flowers on the head,
two knuckles of little finger tall,
think of a small mum, mountain mum,
missing a flower very much.

Be stepped on and starved it to death, just a flower,
at once pick and I'll give to mother
all crooked of the back and waist before the death.

배론성지

고즈넉한 홍단풍 가을 정취 깃든
옛 은둔지 찾아드니
엊그제 몰아친 돌바람에 몽땅 떨어진 낙엽
행락객 발길 뚝 그치고

순교자 동상 석벽 새긴
성도 이름 석자
나고 죽은 날 석양에 선명하다

순교자 포교하던 새 단장한 초가 단칸 학당엔
천국 가는 미로 찾는 순례자 애끓는 기도소리
하늘 문 열리고

으쓱한 저녁 민박집 하룻밤 묵는데
늙은 홀아비가 장작 난로에
고달픈 삶을 활활 태운다

Baeron Holy Ground

Quiet and simple red fall leaves, go looking for
the old Holy Ground that the fall flavor dwells in.
with the whirl-wind swept it a few days ago,
all its leaves had dropped,
so far the holiday visitors turn back their steps.

Carved on a stone wall of the statue of a martyr,
three letters the name of saints, the birth
and death days be inflamed clearly by the setting
sun.

In the just one worship room
decorated of thatched cottages a martyr preached
out,
a pilgrim's prayer sound is looking for
the way of Heaven, and the sky door is opened.

Staying overnight in the private house
at chilling evening, old widower is burning
his tough leaves in the wood stove.

능수버들 춤추다

찬란한 연두색 능수버들이
댕기머리 냇물에 헹구어
봄비로 곱게 빗질하고
나른한 낮잠 즐긴다.

짓궂진 봄바람이
살랑거리며 춤추며 놀자고
흔들어 깨워 꼬드겼다.

쌍 다리 아래 냇가 능수버들은
허구한 날 술 처먹고 춤추고 놀아난다고
온 동네 쑥덕거려 혼삿길이 꽉 막혔다

눈먼 화백이
온몸 옹이와 발가락 굳은살 더듬거려
최고의 발레리나라고 고백해 누명 벗고
늘 님과 함께 춤추며 한 천년 살리라 한다.

Weeping willow dances

A brilliant light blue weeping willow,
to rinse its hair in a stream,
with a fine comb of spring rain,
it is enjoying a lazy nap.

A plaguing spring wind with a flutter.
let's dance and play,
to shake it to wake it up,
so far egged it on.

Under two bridges,
the river weeping willow,
so many days to drink alcohol,
to dance and play around,
secret talks walk all over the town,
and so the marriage route was jammed up.

A blind painter,
to go feeling along all over its body's knot,
and a hard toed flesh.
to confess to being the best ballerina,
so it is always dancing with its lover
for living about a thousand years.

박동규 시평

신앙과 인간의 삶을 접목하며 부르는
아름다운 세상

신앙과 인간의 삶을 접목하며 부르는 아름다운 세상

박동규 (서울대 명예교수, 문학평론가)

김용길 시인은 2014년에 심상 신인상으로 등단했다. 등단한 지 꽤 오래되어 이제 첫 시집을 발간하게 되었다. 처음 그를 만난 것은 이경 시인의 소개로 만났다. 그를 만난 지 이십여 년이 다 되는 듯하다. 그는 독실한 기독교 신자이고 또 서예에 특출한 재능을 가지고 있다. 오랜 기간 그의 시를 읽어보니 삶의 올바른 지표를 시에 담고 싶어 하는 것을 볼 수 있었다. 그가 젊은 날부터 지금까지 살아온 길이 곧고 바르게 사는 것을 신조로 하여 근검절약하며 삶의 터전을 마련하였다고 보여진다. 그런 탓인지 그가 어긋난 일을 하지 않고 어그러짐 없이 꾸준히 노력해오는 동안 이런 생활방식이 그의 성격으로 굳어져 있는 듯 보였다. 그래서 그의 시는 서정적 눈으로 사물에 접근하고 있지만 때로는 윤리적인 주제성을 가진 성향을 보여준다. 또한 시대적 변화에서 생기는 도덕적 갈등 같은 주제를 선택하여 보여주기도 한다. 그러면서도 그에게는 인간에 대한 따뜻한 사랑과 혈육에 대한 애절함을 노래하고 있음을 알 수 있다. 그의 시편들이 3부로 나누어져 있어서 분류에 따라 작품을 살펴보고자 한다. 특별한 선입견 없이 그만의 시 세계를 충실하게 소개하는 작업이 될 것임을 밝혀둔다.

1. '홍시 가지 쥐고'를 중심으로

　이 시는 월정사 가서 선재대교를 건너는 노승을 만나 나눈 대화의 내용이 중심 테마가 되어 있다. 이 시의 중심 이미지는 '돌풍 맞은 홍시 가지'이다. 이 가지를 스님이 들고 가고 있다. 이를 본 화자인 나는 스님에게 '깨우침'을 묻는다. 스님은 감씨 한 톨을 지칭한다. 이 스님의 교시를 시인은 홍시 하나 까치를 위해 마련해 놓듯이 살아가는 동안 감나무처럼 살아야 한다고 했다.

　이 시에서 주목해볼 것은 다름 아닌 스님이 들고 있는 돌풍 맞고 부러진 홍시가 달린 감나무 가지이다. 이 가지는 어쩌다 부러졌지만, 까치를 주기 위해 남겨 놓은 홍시를 달고 있어서 스님이 들고 간다는 것이다. 사나워가는 사회적 할아버지, 할머니를 기억하면서 까치 먹이를 준비하는 것이 소중한 삶의 미덕인가를 시인은 보여주고 싶어 한다. 다음의 시를 보자.

　　　분당 추모 공원에
　　　어렵사리
　　　가족묘 장만 했다

　　　할아버지 내곡산
　　　찻소리 시끄러워 팔린다기에

어머니 문막 산골 외롭다기에
형님 남한산 자락
진 구렁텅이 춥다기에

가족묘 옥합에 모시니
이승에 멈춘 삶
저승의 삶 한없이 뻗어
자손들 한 뿌리 된다

모두 흡족해 하는데
나는 일층 한구석
내 자리를 뒤 돌아 보았다

- 「가족묘」 전문 -

    김 시인에게는 혈연의 뜨거운 정이 넘치는 시가 많다. 그는 나를 중심으로 하는 혈연의 연대야말로 세상을 이겨내며 살아가야 할 삶의 지순한 목표가 되어 있다. 그가 서울에 살면서 할아버지, 어머니, 형님이 세상을 떠나 각기 다른 자리에 묘소가 있는 것을 가슴 아프게 생각하고 있었다. 그러다가 그가 힘껏 고생해서 가족묘를 마련하여 모두 합하여 한군데로 모이게 했다는 것이 이 시의 내용이다. 이승에서 멈춘 삶을 저승에서 한 뿌리로 뻗어 자손들도 함께 모이게 한다는 시인의 의식이 실린 일이다. 이 시에서 주목해볼 점은 가족들이 다 흡족해하는 모습이다. 김 시인은 바로 이 삶의 형태를 가치의 지표로

삼고 있는 것이다. 비록 시의 내용으로는 사경험의 감동에 그칠 수 있는 것이지만 가족이 한곳에 모이게 한 것은 참으로 힘든 일이다. 이는 한 핏줄에 대한 애착을 가지고 그 소중함에서 향한 아름다운 선행을 시로 그려놓은 것이다. 다음의 시를 보자.

    고교시절
    고향마을 간이역에서
    서울로 기차통학 했다

    늦잠 잔 날은
    산 넘어 기적 울면
    엄마의 새벽밥을
    찬물에 말아 후루룩 마셨다

    허겁지겁 책가방 메고
    역에 달려가면
    저만치 연기 뿜는
    기관차가 달려온다

    기차가 출발할 때 까지
    엄마는 산언덕 올라
    손을 저으셨다

            - 「기차통학」 전문 -

나는 어머니와 함께 백리가 넘는 길을 한겨울 눈밭을 걸어서 봇짐을 지고 장사를 한 적이 있었다. 어느 날 날이 어두워 산 속에서 알지 못하는 집의 문을 두드리고 재워달라고 했다. 주인은 빈방이 없다며 부엌에서 하룻밤을 보내라고 허락했다. 어머니와 나는 부엌에 들어가서 아직 온기가 남아 있는 부뚜막에 걸터앉았다. 어머니는 어린 나를 위해서 좁은 부뚜막 따뜻한 자리를 내주고 아궁이 앞에 쪼그리고 앉았던 기억이 난다. 어머니의 마음은 그런 것이리라. 김 시인의 '기차통학'은 어린 날 기차를 타고 서울로 통학하던 시절의 사연이다. 기차 통학을 해본 적이 있는 이들은 누구나 안다. 역에서 이른 아침 시간 역에 나가려면 잠에서 덜 깬 상태로 부지런하게 달려가야 한다. 기차도 자주 연착해서 학교로 달려가면 지각할 때도 많았다. 같은 반 아이들이 통학생이라고 공부가 늦게 끝난 날은 청소 당번도 면해주곤 했다. 김 시인은 이 어려운 환경에서 어머니가 언제나 산언덕에 올라 아들이 잘 가는지 보려고 손을 흔들고 있는 것을 보았던 것이다. 이 장면은 평생 잊지 못할 것이다. 단순하지만 선명한 시에서 김 시인과 그의 엄마를 보면서 따뜻했던 어린 날을 떠올리게 된다. 다음의 시를 보자.

보릿고개 넘던 시절
분꽃 피는 저녁
무쇠 솥 보리밥 익는 냄새
온 동네 퍼졌다.

이웃 돌이네 열 식구
굴뚝 연기 나나
가 보는데

오늘도
그 굴뚝은
무심했다

엄마가
보자기로 싼 보리개떡 몇 조각을
갖다 주라고 들려주었다.

- 「굴뚝」 전문 -

　지금은 보릿고개란 말을 유행가에서나 듣는 옛날이야기로 안다. 그리고 그 뜻조차 제대로 알고 있지 않을 것이다. 김 시인에게는 그때가 어린 시절이었으니까 1940년에서 50년 사이가 될 거라 생각한다. 김 시인은 그가 겪은 보릿고개 시절을 회상하고 있다. 그 당시 농촌 마을에서 무쇠솥에 보리밥을 지어 먹을 수만 있어도 세대로 사는 집이었다. 그런데 열네 식구가 살던 집에서 저녁인데도 굴뚝에 연기가 나지 않았다. 김 시인은 '분꽃 피는 저녁'이라고 했다. 봄날의 어둑한 저녁을 향기 나는 분꽃의 존재를 설정한 것은 사실적이면서 서정적인 마음의 분위기를 보여주고 있다. 그리고 열네 식구가 사는 이웃집 굴뚝에 황혼을 물들이는 연기가 '오늘도' '무심했다'는 표현은 그가 매일 저녁이면 살펴본 이웃집 굴뚝에 연기가 나지 않는 것이 '무심'하게 느껴졌기 때문일 것이다. '보자기로 싼 보리개떡 몇 조각을' 이웃 돌이네 집에 가져다주라고 했다는 구절은 아마 어머니의 심성을 밝히고자 하는 의도였겠지만 그가 겪은 참다운 사랑의 실증적 기억을 표현한 것이기도 하다. 김 시인의 시 체험을 바탕으로 해서 우러나온 것이라 시로 꾸며 놓는 감동 보다는 주제적 의도에 가깝게 짜여져 있다. 김 시인의 시가 그런 면에서 교훈적인 암시를 가지고 있음을 확인할 수 있다.

2. '칸트 산책길'에서 찾는 생활의 의미와 가치

김 시인은 생활 속에서 발견되는 착하거나 공익적인 의미를 가지고 있는 사실들을 소재로 사용하는 경우가 많다. 그가 산책을 가거나 혹은 여행을 가거나 길에서 만난 사물에 대한 관심을 마치 칸트의 이성적 사유를 본떠서 생각하며 사는 생활을 관심 있게 살펴보고 있다. 그가 원형은 서정적인 시인데도 불구하고 이러한 의지적 인간을 형상화해 보여주는 의미는 시인 자신이 가진 시정신의 한쪽에 인간의 선한 삶에 대한 기독교적 가치관이 작동하고 있는 것이라 보여진다. 그래서 '칸트'를 불러온 것이 아닌가 싶다. 다음의 시를 보자.

> 우리 동네 세탁소 아저씨는
> 세탁 수선비로 만원 짜리 내면
> 거스름돈 천원 짜리를 다리미로 다려준다

옛날 어머니는
옥양목 치마저고리 다릴 때마다
교회 연보돈을
꼭 다리미로 빠빳하게 다렸다

설날 세배하면
할아버지는 모본단 조끼 주머니에서
빠빳한 돈을 또래 형제에게 나누어 줬다

돈 가치 알고
세상 주름살 펴는데 바르게 써야한다며
그 남자는 구겨진 지폐를 다리고 있다

- 「돈 다려 주는 남자」 전문 -

 이 시는 참으로 이상한 세탁소 주인의 행위를 주목하고 있다. 손님이 만 원을 내면 거스름돈을 꼭 다리미로 다려서 준다는 점이다. 시인은 다려서 말끔하게 펴진 돈을 받으며 느낀 감정을 그대로 보여주고 있다. 이 빳빳한 돈에 대한 감각은 돈의 가치에 대한 관심을 환기하는 것이다. 그의 할머니가 교회 연보돈을 다리미로 꼭 다리는 일과 할아버지가 조끼 주머니에서 세뱃돈을 빳빳한 돈으로 주는 일이 시인에게는 세상 살아가는데 있어서 돈의 용도를 바르게 생각하게 하는 것이라고 한다. 이러한 시인의 관점은 자신이 애써서 번 돈을 가치 있게 써야 한다는 것이다. 그런데 시인은 이 돈의 용도를 다림질한 돈의 모양처럼 세상의 주름살을 펴나가는데 돈을 써야 한다는 의미로 정하고 있다. 시인은 돈의 가치를 느끼는 것이 아닐까 생각하고 있기 때문이다. 다음의 시를 보자.

>낙성대 뒤안길
>모과나무 정자에 앉아
>피자와 치킨 배달 시켜 친목 다진다
>
>가을 솔솔 바람에
>딱! 쿵! 하며 모과나무가 맞장구치는 소리가 나고
>손질 않은 모과나무 가지 휘도록 열매 달려
>가을 깊어지니 제멋에 흥겨워 부러졌다
>
>과일전 망신시키는
>임자 없는 모과라
>열 명이 나누고도 남았다
>
>집에 가져다 놓았더니
>노오랗게 익은 모과 차 향은 깊어져
>고즈넉한 가을 정취에 흠뻑 젖는다
>
>   - 「모과(1)」 전문 -

이 시는 낙성대 뒤안길에서 모과나무 정자에 친구들과 앉아 있을 때 일이다. 그는 길에서 만나 일을 소재로 하는 시 중에 이 시는 좀 특별나다. 가을이 깊어진 시간 모과나무가 바람에 서로 부딪쳐 부러진 사건이 일어났다. 그리고 그 가지에 달려 있던 모과를 친구들과 나누어 가지고 집에 왔다. 임자 없는 모과라서 여럿이 나누고도 남았다. 그는 모과를 집에 가져다 놓으니 향이 깊어졌다. 그래서 가을 정취를 모과향에서 느꼈다는 것이 이 시의 대략적 내용이다. 이 시는 일상에서 일어난 일이지만 김 시인에게는 모과가 가지는 일반적 통념을 넘어서는 체험이라고 할 수 있다. 이 모과는 생긴 것과는 상관없이 특별한 향이 있어서 가을의 정취를 맛볼 수 있었다는 점이다. 그에게는 모과나무에 걸려 있는 열매일 뿐이었는데 향을 통해서 가을의 향을 얻을 수 있었다. 생활 속에 사소하게 마주하는 눈뜸의 하나하나 그에게 어떤 느낌이나 깨달음을 줄 때 그가 이를 시로 엮어 나가고 있음을 그대로 말해준다. 다음의 시를 보자.

    가랑잎 더미 헤집고 걷는 길
    낙엽 한 잎 질 때 마다
    큰일 알리는 앞길 발에 밟힌다

    잎사귀는 뿌리 찾아 은혜 갚는데
    사람은 그냥 흙으로 돌아 갈 뿐이다
    낙엽비 우수수 돌바람 불면
    겨울나무 이부자리 끌어 덮는다

송곳추위 속
어린 눈 품고 있다 떨어진
플라타너스 잎사귀가
행인의 마음 굴린다

구두 밑창 달라붙은 젖은 낙엽
세상 끈 놓지 못하는
늙정이 붉은 울음운다

- 「늙정이」 전문 -

    이 시의 제목은 특이하다. '늙정이'라는 제목은 많이 들어보지 못한 어휘이다. 한참을 생각하다 내 나름으로 늙은이가 품고 있는 정(情)이라는 뜻으로 해석했다. 시인은 겨울의 자연 풍경을 소재로 하고 있다. 가랑잎이 두껍게 깔린 길을 걸을 때면 앞날을 걱정한다. 이 걱정의 내용은 '잎사귀는 뿌리 찾아 은혜 갚는데'라는 말처럼 그가 나이가 들어 늙어가면서 '그냥 흙으로 돌아 갈'까봐 초조한 마음이다. 처연한 낙엽들이 비나 내려서 젖으면 구두 밑창에 달라붙어 세상 끈 놓지 못하는 늙은이의 심정 속에 정만 가득 남아 서러움과 안타까움이 가슴에 밀려들어 늙은이로서 어쩌지 못하고 눈물을 흘릴 뿐이라는 고백이다. 그의 시가 직설적인 표현으로 해서 환상적 감동력은 보이지 않지만 진실한 한 인간의 마음을 숨김없이 보여주고 있다는 점은 시사하는 점이 많다. 다음의 시를 보자.

심드렁한 옥상 화단의 호박순에
벌써 호박꽃이 가슴 열고
벌과 나비 불러 꿀을 퍼준다

난간 안팎에 가지 뻗어
아기 머리통만한 호박 매달려
아스라이 바람에 그네 뛴다

태풍에 떨어질까 호박꽃은 좋은 자리에
옮겨가다가 실낙원에 살아보고
사흘 들이로 애호박이 열리는 구나

끝순 마다 호박잎쌈 주고
늙은 호박은 깡마른 덩굴손 더듬거려 탯줄을 잡고
수많은 종자를 수태하고 긴 동면에 드니 봄은 있다

- 「호박꽃 사랑」 전문 -

 이 시는 도시에 살면서 집 옥상 화단에 호박을 심은 이야기를 소재로 하고 있다. 시인은 옥상이 황폐해 보여 심드렁하게 보여지던 날 호박을 심어 놓았더니 호박순이 자라기 시작했다. 그러고나서 얼마 있지 않아 호박꽃이 피었다. 태풍에 호박이 떨어질까 봐 자리를 옮겨 주어 가며 키웠다. 그러다 보니 애호박이 열리고 호박잎쌈도 따게 된다. 가을이 지나며 깡마른 넝쿨에 늙은 호박이 달렸다. 이 시의 내용이다. 이 시에서 시인은 제목에 밝혔듯이 호박꽃 사랑을 초점으로 하고 있다. 옥상 화단에 호박씨를 심고 기다린다는 것을 보면 도시공간에 살면서 씨를 심어 호박을 키운다는 발상이 특이하다고 할 것이다. 이 특이함은 순수한 호박의 성장과 그가 관심을 가지고 돌본다는 교훈적 의미성을 가지고 있다. 무엇이든지 성실하게 키워 가면 열매를 맺고 그 결과를 얻을 수 있다는 것이다. 이러한 교훈은 평면적이라 시에서 만나는 감동 보다는 호박이 자라면서 시인에게 베푼 것에 대한 감사의 뜻이 더 선명하게 드러나 있다. 김 시인은 호박의 성장 과정이 놀라웠을 것이다.

3. '능수버들 춤추다'와 자연이 주는 환상

　김 시인은 자연의 아름다움에 주목하고 있다. 이 시에는 능수버들이 중심어가 되어있다. 이 버들은 쌍 다리 아래 자라서 댕기머리처럼 줄기가 냇물에 닿아있고 봄바람이 불면 살랑거리며 춤을 춘다. 그런데 동네 사람 중에 다리 아래 능수나무 주위에 사람들이 몰려들어 허구한 날 술 먹고 춤추고 놀아나는 것이 버드나무가 유혹한 탓이라고 했다. 이렇게 동네 사람들은 능수나무에 대한 비난을 했다. 그렇지만 한 눈먼 화가가 온몸으로 버드나무를 접촉해서 버드나무를 발레리나라고 하면서 그를 칭송했다는 전설 같은 사연을 담아놓았다. 이 시를 해독하는데 어려움이 있는 것은 동네 사람들의 비난과 화가의 버드나무에 대한 칭송 사이에 숨어 있는 시인의 관점을 어떻게 보아야 할 것인가 하는 문제이다. 내가 느끼기에는 훌륭한 화백의 버드나무 사랑에 대해 시인은 자연 사랑의 아름다운 행위로 화가를 기억하고 있는 것이라 볼 수 있다. 그는 버드나무에 대한 아름다움을 표현하려고 한 것이라 보여진다. 다음의 시를 보자.

어머니는
하얀 산국화

동짓달 초아흐레 날 낳으신 날
북풍 칼바람에 시린 달 차오르며는
마음에 걸린 가시나무 연같이
이내 떠오르는 국화꽃 한송이

노고단 돌탑 작은 디딤돌 틈에
홀씨 날려 하얀 꽃 한 송이 머리에 피운
새끼손가락 두어마디 작은 국화꽃 생각나네
산국화 꽃 그 한 송이 더욱 그립네

발에 밟혀 아사 할 뻔한
바로 그 꽃 한 송이 냉큼 따다가
등허리 다 굽은 어머님께
살아생전 드리리다

- 「산국화(1)」 전문 -

이 시는 어머니에 대한 그리움을 주제로 하고 있다. 시인은 하얀 산국화를 어머니라 칭한다. 은유로 표현된 이 문장은 이 시의 내용을 요약해 놓은 것으로 보인다. 시인의 생일이 동짓달인데 북풍 칼바람이 불 때면 '가시나무 연같이' 어머니 기억이 살아난다. 이 기억은 행복했던 시절의 일이 아니라 '돌탑 작은 디딤돌 틈'에 '작은 국화꽃'의 형상으로 어머니의 모습이 피어난다. 시인의 가슴에 남아 있는 어머니는 모진 세상에 살아가며 등이 휘어져 굽은 애처로움이 묻어 있는 영상일 뿐이다. 김 시인이 비유한 산국화는 그가 어머니와 지내면서 느꼈던 심정적 사랑의 고백이기도 하지만 지금은 어찌해 볼 수 없는 자신의 입장을 표현한 것이기도 하다. 다음의 시를 보자.

    은빛 솜털 옷
    갈아입고
    봄의 길목을
    나서는
    입춘대길
    그날이 오면

    버들강아지
    꼬리 흔들며
    빨갛게
    충혈 된 눈을
    뜨고

봄 피리
불다

- 「버들강아지」 전문 -

  이 시는 그가 서정시의 아름다운 율격을 내포한 봄의 노래이다. 김 시인은 그의 시편 중에 이 시와 같은 동심어린 자연에 대한 정서를 아름답게 그려낸 작품들을 볼 수 있다. 이 그가 지닌 서정적 감성의 시들은 아마 그가 꽁꽁 숨겨놓고 있는 원형적 본성의 조그마한 노출이 아닐까 싶다. 버들강아지가 피어 올리는 봄의 훈기를 봄 피리로 불며 즐겁던 순간들인 그의 유년의 모습을 시로 쓰는 기본적 이유일 것이다. 버들강아지의 몸짓을 통해 건져 올린 그의 시상은 그만의 독창적 개성이 되어 있다.

  이제 끝으로 그의 첫 시집의 시편들을 살펴보면서 그는 강직하게 그만의 삶의 길에서 벗어나지 않고 오로지 앞만 보고 살아오지 않았나 보여진다. 한 인간의 삶의 길이 탄탄한 대로만 있는 것이 아니라 때로는 힘든 산길처럼 어렵고 힘든 시절도 있는 것이지만 한결같은 마음가짐을 가지고 앞만 보고 걸어왔다는 것은 그에게 큰 자랑이 아닐 수 없다. 나와 시를 놓고 교분을 가진지도 이십여 년이 넘고 함께 시를 통한 모임 활동도 함께해 왔다. 그동안 그는 한 번도 흐트러짐 없이 책임감 있게 맡은 일들을 처리해온 것을 보면 그의 마음에 시가 구원의 사자처럼 여기며 살고 있지 않나 생각하게 한다. 이런 그의 자세가 그만의 시에 도덕적이고 윤리적인 인생사적 문제들을 담고 있다고 보여진다. 이러한 성향은 비록 사회현상을 바라보는 한 시각의 분야를 한정하는 일이 될 수도 있지만 그가 뚜렷한 삶의 정신을 가지고 있음을 말해주는 것일 수도 있다. 그가 착실한 기독교 신자임을 고려할 때 신의 섭리를 실천하려는 구도자의 삶을 실천하려는 의지로도 보여진다. 그의 시편을 보면서 그가 굳게 시에 매달려 살아가는 길이 마치 그의 삶을 짊어지고 살아온 것 같이 그런 의지와 욕망으로 가득 찼다고 여겨지기에 첫 시집을 축하하는 마음만으로 이 글을 마친다. 첫 시집 발간을 축하하며 날로 건강하기를 빈다.

부록

작곡   Juni Kim
         (김주은 : 버클리 음대)

  자작나무
   산국화
  배론 성지

김용길   시 서예전
         박목월 시편

자작나무

작곡 Juni Kim
작사 김용길

배론성지

강나루 건너서 밀밭 길을 구름에 달 가듯이 가는 나그네 길은 외줄기 남도 삼백리 술 익는 마을마다 타는 저녁놀 구름에 달 가듯이 가는 나그네 박목월

이천십오년 일월 육일 백주년에 쓰다 산을 김용길

송아지 송아지 얼룩송아지 엄마소도 얼룩소 엄마 닮았네 송아지 송아지 얼룩송아지 두 귀가 얼룩귀 엄마 닮았네 송아지 송아지 얼룩송아지 꼬리도 얼룩꼬리 엄마 닮았네 송아지 송아지 얼룩송아지 마 도 꼬록 눈이 닮았네 박목월

이천십오년 일월 육일 백주년 산을 김용길

목련꽃 그늘 아래서 베르테르의 편질 읽노라 구름꽃 피는 언덕에서 피리를 부노라 아머얼리 떠나와 이름없는 항구에서 배를 타노라 돌아온 사월은 생명의 등불을 밝혀든다 빛나는 꿈의 계절아 눈물어린 무지개 계절아

눈 아래 서긴 사연의 편질 쓰노라 클로버 피는 언덕에서 휘파람 부노라 아머얼리 떠나와 길옹산 골나무 아래 쳐 별을 보노라 돌아온 사월은 생명의 등불을 밝혀든다 빛나는 눈동의 계절아 눈물어린 무지게 계절아 사월의 노래 박목월

이천십오년 일월 육일 백주년 샹을 김용길

기러기 울어예는 하늘 구만리 바람이 싸늘불어 가을은 깊었네 아아 너 도 가고 나도 가야지 한낮이 끝나면 밤이 오듯이 우리의 사랑도 저물었네 네 아 너도 가고 나도 가야 지 산촌에 눈이 쌓인 어느 날 밤에 촛불을 밝혀두고 홀로 울리라 아 아 너도 가고 나도 가야지 이별의 노래 박목월

이천십오년 일월 육일 백주년 샹을 김용길

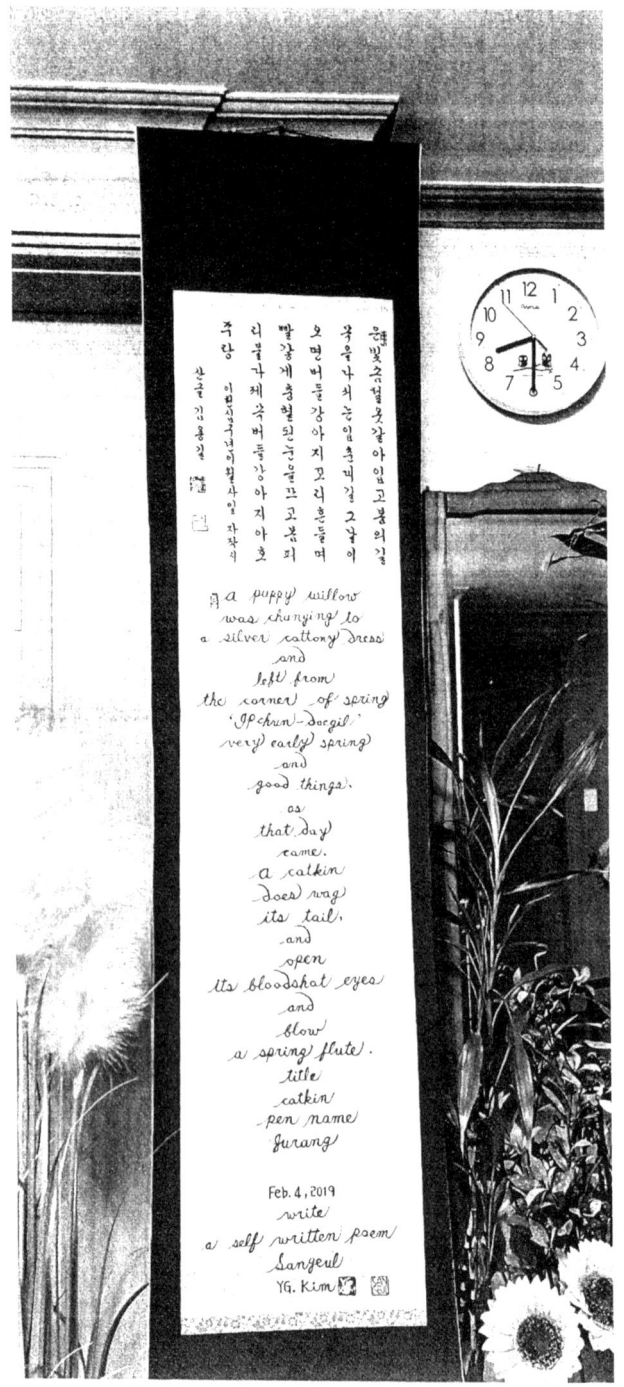

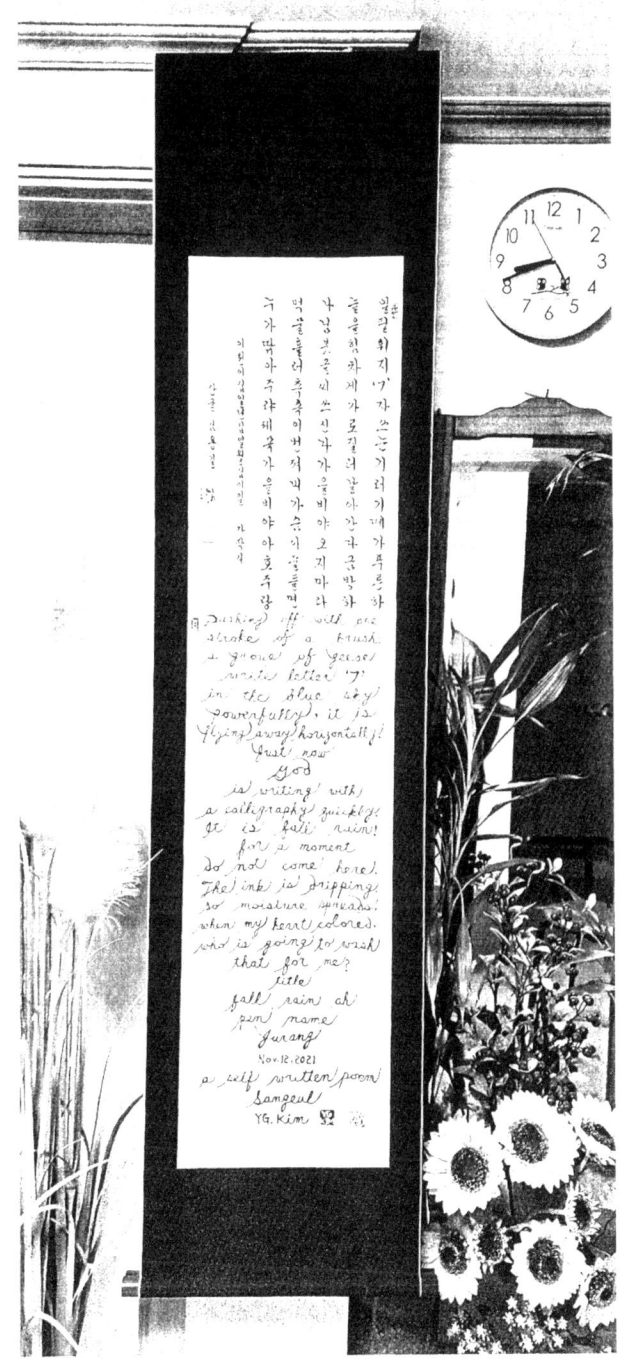

초판 인쇄일 2025년 6월 5일
초판 발행일 2025년 6월 5일
지은이 김용길
발행인 박근정
발행처 심 상

06788 서울특별시 서초구 양재동 353-4 청암빌딩 2F
TEL. 02-3462-0290
FAX. 02-3462-0293
출판등록 제라-1696

값 12,000원
ⓒ 김용길
ISBN 979-11-85659-52-7